山梨の
近代化遺産

山梨日日新聞社

＊本書は、２０１２（平成24）年5月18日～13年6月13日付の山梨日日新聞に、「わが街の近代化遺産」として連載された記事を単行本としてまとめたものです。原則として本文中は敬称略、肩書・年齢、また地名・施設名等は、紙面掲載時のまま収載しました。なお、「ＭＥＭＯ」欄の公開日時や料金等は変更されることがありますので、必ず問い合わせの上ご利用ください。

山梨の近代化遺産

［目次］

峡北・甲府・峡中

峡南・峡東・郡内

山梨の近代化遺産

峡北・甲府・峡中

旧明治病院

明治25年ごろ建築・北杜市

医療越えたよりどころに

和風の装いに、バルコニーの付いた車寄せがある旧明治病院

北杜市高根町箕輪、田んぼが広がる細道の脇にたたずむのが「旧明治病院」だ。敷地内に茂る木々の間を抜けると、築120年の木造2階建ての建物が目に入る。和風の装いながら、正面にバルコニーが付いた車寄せがあり、藤村式の擬洋風建築（P14参照）の面影を残す。

入り口から見上げると、右から左へ「明治病院」と書かれた看板が当時のまま掛かっている。「子どものころ、稲刈りで手を切ったりすると、すぐに診てもらっていたよ」。話すのは、地元で生まれ育った清水てる子さん（84）。

明治病院は名前の通り明治初期から続く病院で、そのころは6代目の清水二蔵さんが院長だった。優しい先生で「おお、そこにいて待ってろし」と、気さくに手当てをしてくれたのが印象深いという。

昭和30年代、明治病院にまだ珍しかったテレビが置かれ、近所の子どもから大人までが集まり、プロレス観戦を楽しんだ。「地域みんなのお医者さん。医療を越えた付き合いだった」（てる子さん）

二蔵さんの息子で、埼玉県で医院を開いている範之さん（80）は、高校時代まで実家の明治病院で過ごした。2階の部屋から見る「春は桜、秋はカエデがきれいだった」と話す。40年ほど前、埼玉県で開業する際に父親を呼び寄せ、病院を畳んだ。「地元の人には怒られたけどね」と苦笑しながら振り返る。

現在は佐伯誉史朗さん（54）が借り受け、そば店「いち」を営んでいる。なるべく内装を変えないようにし、木造の支柱や2階の古い窓ガラスなどは当時のままだ。「この建物の空気感を求めてくるお客さんがたくさんいる。それが歴史を経た建物が持つ魅力」と話す。

右から左に書かれた「明治病院」の看板

柱など当時の雰囲気を残したままカフェとして使われていた店内。
レトロなグッズであふれている（現在はそば店として営業）

MEMO　旧明治病院

北杜市高根町箕輪。1892（明治25）年ごろの建築。木造2階建てで、1階に診察室などがあった。地域の病院として長年利用されていたが、1973（昭和48）年に閉院した。そば店「いち」としてオープンし、当時の雰囲気を残したまま営業している。
営業時間は午前11時30分〜午後2時ラストオーダー、水曜定休。

JR日野春駅の給水塔

明治37年造・北杜市

急勾配駆けたSLが“一服”

鉄道草創期のシンボルである給水塔の脇を、現代の特急電車が駆け抜ける

北杜市長坂町のJR日野春駅のホームの脇に、古びた円筒形の構造物が残る。半世紀前まで蒸気機関車（SL）が走っていたことを今に伝える給水塔だ。甲府駅から急勾配を上ってきたSLはここで〝一服〟。蒸気のもととなる水を蓄え、煙を上げながら長野方面へと向かっていった。

「給水口に合わせてSLを停止させるのが難しかった」。元機関士の沢田福太郎さん（86）＝甲府市中央2丁目＝は懐かしむ。1944（昭和19）年に機関士となり、給水塔に向けてSLを走らせた。

給水塔にはアーム式のホースが付いていて、それをSLの給水口に入れる。停止位置から1メートルの範囲だとホースは給水口にはまるが、それ以上離れると入らない。「機関士として神経を使う作業だった」

「乗客を待たせるわけにはい

かない」と、給水時間は5分程度。この間に車両の点検をし、時には機関士助士の仕事を手伝い、たまった石炭殻の片付けをした。

今でも電車で日野春駅を通る度に、当時のことを思い出す。「今は無用の長物かもしれないが、SLが走っていた証しとして、いつまでも残っていてほしい」

SLで小淵沢駅から日野春駅まで通学していた、北杜市小淵沢町の清水競さん(91)は「給水塔は日野春駅のシンボルだった」と話す。幼いころから駅は遊び場で、停車しているSLを見るのが娯楽の一つだった。

先日、日野春駅前で当時売っていた大福を、給水塔を横目に見ながら食べるさまを思い出し、一首詠んだ。「桜咲き給水塔ある日野春の神代餅を今だ忘れじ」

観光キャンペーンの一環として蒸気機関車「D 51(デゴイチ)」が走り、
給水塔と約45年ぶりのツーショットが実現(2010年5月)

MEMO JR日野春駅の給水塔

動力となる蒸気を発生させるための水をSLに供給するため、1904(明治37)年に造られた。直径約2メートル、高さ約15メートル。下部はレンガで、上部はコンクリート製。タンクの内容量は「5749ガロン」とされる。県内では、甲府以西には甲府駅と日野春駅にあった。給水塔の隣にはレールを土台にしたおけのようなものがあるが、沢田福太郎さんは「職員の生活用水用だったと思う」と話す。1964年に甲府—上諏訪間が電化されたのに伴い、その役目を終えた。線路脇から見ることができる。

旧津金学校の三代校舎

明治8、大正13、昭和28年建築・北杜市

今も地域に愛され残る

資料館となっている藤村式建築の明治校舎（旧津金学校）

北杜市須玉町下津金では、明治、大正、昭和の三つの時代にわたって建築された校舎が並んで残る、全国でも珍しい光景を見ることができる。

津金学校として建てられた明治校舎は、擬洋風の藤村式建築（P14参照）。チャペルを模した方形の塔屋とベランダ、バルコニーがハイカラな雰囲気を醸し出し、白壁と水色の柱がコントラストをなす。塔屋には太鼓があり、それをたたいて時を知らせた。

「周りは和風の平屋の建物ばかりなのに、不思議な形の学校で異彩を放っていたよ」。津金小時代の卒業生・小林峰雄さん（68）＝甲府市城東3丁目＝は懐かしむ。在学当時には、父・謙さんも校長を務めていた。昭和校舎が建てられたころだが、明治校舎も現役で使われており、「机や床にいたずらをして、よく怒られた」と笑う。

今は資料館となった明治校舎内では、集合写真や卒業証書、学校日誌などを展示。隣の席との境界線が刻まれた2人用の長机、給食の食器や理科の実験器具などから当時の学校生活がうかがえる。

児童数の減少などに伴い、一度は閉校した各校舎。それぞれ建設時の面影を残しながら、大正校舎は体験施設、昭和校舎はレストランと直売所として、新たな役目を担う。

運営するNPO法人「文化資源活用協会」が2011（平成23）年夏、1日限定で津金学校を復活させ、26年ぶりに子どもたちの声が響いた。卒業生で明治校舎の館長を務める高橋正明さん（71）＝北杜市須玉町下津金＝は「子どもの声が地域に必要だとあらためて感じた。教室いっぱいに子どもが集まる光景を見て、昔の記憶がよみがえった」と目を細める（※「一日学校」は2014年まで開催された）。

地域に愛され、三代の校舎を残す希少な存在。高橋さんは「これからも地域一丸で守っていきたい」と、力強く語った。

資料館内部は教室の様子が再現され、バルコニーには明るい日差しが注ぐ

手前に見えるのが大正校舎。奥に並んで立つのが明治校舎

MEMO 旧津金学校の三代校舎

明治校舎は津金学校として1875（明治8）年に完成。尋常小、国民学校の時代を経て津金小・中学校として使われた。1924（大正13）年に大正校舎、1953（昭和28）年に昭和校舎が、並ぶように建築された。明治校舎は一時解体されたが、1990（平成2）年に復元された。今はそれぞれ、資料館・津金学校（明治校舎）、体験施設・大正館（大正校舎）、レストラン・おいしい学校（昭和校舎）として活用されている。
資料館は午前9時～午後5時開館（水曜、年末年始休館）で、入館料200円。夏には「津金こどもマーケット」が開催されている。
問い合わせは津金学校、電話0551（20）7100。

藤村記念館

明治８年建築・甲府市

親しまれた“とんがりの学校”

宵闇に白壁が浮かび上がる藤村記念館

「男子ヲシテ断髪シ、其結束費ヲ持ッテ小学校費ニ充テシメン事」。「山梨の学校ことはじめ」（浅川明次著）によると、県令・藤村紫朗は明治の草創期、まげを切って調髪料を建設費に充てたり、劇場を取り壊したりして学校の用材にするよう求めたという。

文明開化の諸施策に積極的に取り組んだ藤村は、和洋折衷の擬洋風建築を推進。塔屋付きでベランダやバルコニー、両開きの窓、よろい戸が特徴の建物は、山梨では特に「藤村式建築」と呼ばれている。学校は38校が建設されたというが、残るのは藤村記念館など5校だけだ。

もとは旧睦沢村で学校として建てられた藤村記念館。老朽化により取り壊しが検討されたが、旧睦沢学校校舎保存委員会によって１９６６（昭和41）年に武田神社境内に移築され、甲府市に寄贈された。水色のよろい戸と緑色のバルコニーという明るい色合いが特徴だったが、甲府駅北口への移築時に建築当初の白と黒に塗り直された。

70年以上も前、睦沢学校に通っていた長田昭さん（85）＝甲斐市亀沢＝は「（特徴的な屋根の上の塔から）地域の人は〝とんがりの学校〟と呼んでいた。モダンで、みんなから親しまれる学校だった」と振り返る。7人きょうだいの一番上で、弟や妹を連れて登校していたといい、当時の校舎内の様子を今もはっきり覚えている。音楽室には、甲州財閥を代表する実業家根津嘉一郎から贈られたピアノがあったことが印象深いという。

武田神社に移築された後も、地元の郷土研究グループのメンバーとしてたびたび母校を訪れ、駅北口への再移築に伴う式典にも出席した。長田さんは「自分が小さい頃に通っていた建物が今も残っているのは最高だと思う」と話す。

建築時から130年以上たった今も変わらぬ姿が、変ぼうを遂げる県都の玄関口で県民や観光客を温かく出迎える。

2階教室に並ぶ木製の机といす

北側のよろい戸の先には現代建築の県立図書館が見える

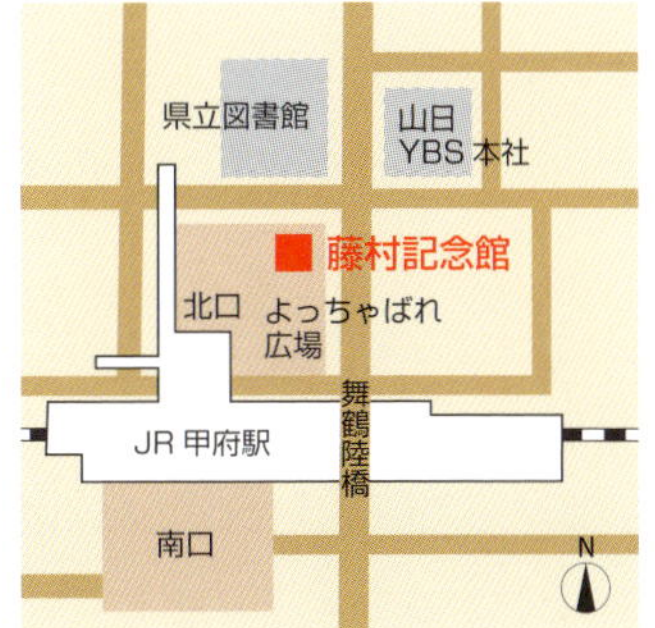

MEMO 藤村記念館

1875（明治8）年に睦沢村（現甲斐市）に睦沢学校として建設された。1957（昭和32）年に廃校となった後、1966年に武田神社境内に移築されて長く親しまれ、2010（平成22）年10月から現在地に。木造2階建て、延べ床面積約340平方メートル。国指定重要文化財。施設の指定管理者となっているNPO法人甲府駅北口まちづくり委員会が中心となり、さまざまなイベントや展示会を開催している。
入館無料。午前9時～午後5時、月曜休館（月曜が祝日の場合は火曜）。問い合わせは同館、電話055（252）2762。

赤レンガ館

明治 41年ごろ建築・甲府市

戦争の記憶 今に伝える

明治時代に建てられた当時の姿を残す赤レンガ館

生徒たちの元気な声が響く甲府・山梨大附属中の敷地内に、赤れんがを積み上げた壁と瓦屋根が目を引く建物がある。富国強兵という明治政府の近代化政策の名残ともいえる「近代化遺産」であると同時に、戦争の記憶を今に伝える「戦争遺跡」でもある。

日露戦争後の1908(明治41)年ごろ、旧陸軍歩兵第49連隊(甲府連隊)の食糧を保管する糧秣(りょうまつ)庫として建てられた。赤れんがのほかアーチ式の戸口や窓に、明治期の建築様式の特徴が表れている。

太平洋戦争の終戦直前の1945(昭和20)年7月6日深夜、市街地が焼け野原となった甲府空襲でも無傷で残った。2002(平成14)年に改修され、鉄筋コンクリートで補強したが、外壁の大部分は古いれんがを使い、建設時の姿を忠実に再現している。

戦後は山梨大附属中校舎の一部として使われてきた。改修後は館内につくられた多目的ホールで、同校の生徒や山梨大の学生がクラブ、サークル活動をしているほか、コンサートなども開かれている。

１９４４年から約１年間、甲府連隊に所属していた同市上積翠寺町の野村好則さん(88)は、赤レンガ館の前を通るたびに当時のことを思い出す。「倉庫に入ることはなかったが、外で訓練をしている時に、炊事を担当していた人がよく出入りしていた姿が印象に残っている」という。

「当時の姿のままなので、戦時中を思い出さずにはいられない」と語る野村さん。「戦後に生まれた人がほとんどになる中、戦争を伝える場所としてずっと残しておくべきだ」との思いを強くしている。

内部には多目的ホールがありコンサートなどが開かれている

赤れんが倉庫のあった歩兵第 49 連隊の軍旗祭
(1919 年 2 月、写真集「山梨百年」より)

MEMO 赤レンガ館

甲府市北新 1 丁目。1908 (明治 41) 年ごろ完成した甲府連隊の赤れんが倉庫。延べ床面積は約 330 平方メートルで、れんが造りの近代建築物としては県内最大規模となっている。老朽化が進んだことから取り壊しも検討されたが、住民らの要望を受けて 2002 (平成 14) 年に改修された。外観は以前の姿を忠実に再現し、多目的ホールなどを備えた内部には、山梨大教育人間科学部の歴史を紹介する展示コーナーもある。2006 年に国の登録有形文化財になった。
見学などの問い合わせは山梨大甲府キャンパス、電話 055 (220) 8004。

旧上九一色郵便局

明治45年建築・甲府市

ユニークな「〒」の意匠

甲府市南部の旧上九一色村古関地区。国道358号から路地に少し入ると、上げ下げ式の窓や軒下の飾りに西洋の薫りを感じさせる、瓦屋根の擬洋風の建物が目に入る。明治最後の年、今からおよそ100年前の1912（明治45）年に完成した、旧上九一

和洋折衷の設計が特徴的な外観

色郵便局だ。

同郵便局は1874（明治7）年に古関郵便取扱所として開局。現在も残る旧局舎は、後に4代目局長となる土橋喜一が設計し、各地の建造物を見て回りながら、所有する山林からクリなどの木材を切り出して建築したという。

外壁は下見板張り。玄関の軒下を囲うようについている飾り板には、郵便の「〒」マークが規則正しく彫られており、ユニークさを感じさせる。局としては1965（昭和40）年に使われなくなったが、建物内には当時の郵便ポストや小銭を数える器具が残されている。

建物は現在、喜一の孫で6代目局長を務めた土橋国生さん（70）が所有しており、5年ほど前に外壁を塗装し直した。郵便局として使われなくなった後、しばらく住んでいたことがあるという国生さんは「今でもときどき掃除に来ると懐かしい感じがする。せめて自分が元気なうちはきれいにしておきたいと思っている」と目を細める。

郵便業務にとどまらず、かつては電話交換業務も行われるなど、地域の人々の暮らしに密接に関わってきた局舎。ハイカラなその姿は、一世紀の時を経てもなお、地域の中心だったころの面影を残している。

玄関の軒下の飾り板には郵便の「〒」マークが彫られている

局長が使っていた机

MEMO 旧上九一色郵便局

甲府市古関町。1912（明治45）年完成。木造2階建てで、延べ床面積は約125平方メートル。1965（昭和40）年に現在の局舎が完成するまで、53年間にわたって使用された。地元の木材を使った局舎は「関東大震災時もひび一つ入らなかった」（土橋国生さん）という。1996（平成8）年に国の登録有形文化財となった。郷土史研究で知られた土橋里木（本名・力）は第5代局長。外観は自由に見ることができる。

中区配水場

大正元年建築・甲府市

市民生活支え続け100年

地下の配水池への出入り口はコンクリート造りで、モダンな雰囲気を醸す。東西２カ所にある

甲府市の中心街を一望できる愛宕山の中腹に、大正の初めに完成したのが「中区配水場」。県内では初めて、国内では26番目となる上水道として給水を始めた場所だ。

井戸水に恵まれず、不衛生な水に悩まされていた甲府の人々にとって、水道の開通は悲願だった。明治20年代から水道創設の要望は上がっていたが、日清、日露の戦争もあり、国の認可が下りたのは1909（明治42）年になってからだった。

3年後の完成時には、それを祝って「水道開通式の歌」が作られた。小学校の行事や遠足などで盛んに歌われたというから、当時の人たちが上水道の開通をどれほど喜んでいたかがうかがえる。

地下にある配水池への点検通路につながる出入り口は、コンクリート造りで東西2カ所に対になって並ぶ。上部が半球状になっているなど、日本の伝統的な建築様式とは違ったモダンな雰囲気を感じさせる造りが特徴だ。敷地内には完成当初から植え始めたというサクラが約70本あり、春にはソメイヨシノやエドヒガンザクラが咲き誇る市内の名所の一つになっている。

約20年前までは配水場内に職員用の住宅があった。最後の居住者となった市上下水道局職員の小川勝己さん(61)は8年ほどこの住宅で過ごした。当時を振り返り、「冬に水道管が凍結してしまった近所の人が水をもらいにきたこともあった」と懐かしむ。「毎年の春のサクラや眼下に広がる夜景が美しかったことが印象深い」という。

産業の発展や人口の増加などに伴い、1961(昭和36)年にはそれまで一つだった配水池を二つに増設。完成からおよそ100年を迎えた今も、市民の生活に欠かせない水を変わらずに供給し続けている。

大正の初めに完成した当時の中区配水場(甲府市上下水道局提供)

MEMO 中区配水場

甲府市愛宕町。1912(大正元)年11月に完成し、翌年1月から給水を開始した。敷地面積は約1万3000平方メートル。場内には地下に二つの配水池があり、貯水能力は約6280立方メートル。配水池への点検通路につながる出入り口には、二つの円柱形の施設が建設当時のままの姿で残っている。現在、甲府市東部の約1万6000人が中区配水場からの水を使って生活している。原則として場内に入ることはできないが、サクラの名所となっていることから毎年4月に1週間ほど一般開放していて、多くの人でにぎわっている。

甲府カトリック教会

大正14年建築・甲府市

布教拠点 戦禍逃れ今に

ステンドグラスから差し込む光が厳かな空間を演出する甲府カトリック教会の天主堂

れんがのような形の石を積み上げた外壁と、三角屋根の上に掲げられた十字架が目を引く甲府カトリック教会天主堂。大正時代末期に山梨でのキリスト教布教に力を尽くしたフランス人のブーブ神父と、神父の教えに導かれた信徒が奔走し、活動の拠点とするために建てられた。甲府空襲などの戦禍をくぐり抜け、今も毎週日曜日にミサが開かれている。

内部の聖堂は、祭壇に向かってカーブを描くような形状で、信徒が座るベンチが整然と並ぶ。天井を見上げると碁盤の目のように格子状となっており、十字架などを模したデザイン画が施されている。

90年近く前の姿のままたたずむ天主堂だが、何度か改築を経ている。現在の入り口は南側だが、建築当初は東側。1949（昭和24）年の増改築で南側に移った。同年に一部2階を造り、当初は畳敷きだったという床も板張りに変えられた。

外からの光を取り込んでいるアーチ状のステンドグラスは1969年の設置。その間に立つ聖像は、「聖フィロメナ」「聖ヨセフ」「み心のイエス」「無原罪の聖母（マリア）」「聖テレジア」「トマス篭手田」の6体で1928年に置かれた。

6体のうち向かって右端のトマス篭手田は、江戸時代初めの肥前出身のキリシタン殉教者で、はかま姿の武士のいでたちが異彩を放つ。6体の聖像はブーブ神父が選んだとされるが、なぜトマス篭手田が選ばれたかは、はっきりと分かっていない。

同教会の神父を務めた田代和生さん（70）は「あまり知られていない人でも、熱心な信者を大切にしたかったのではないだろうか」とブーブ神父の思いを推し量っている。

上部に掲げられた十字架が目を引く甲府カトリック教会の天主堂

6体の聖像の中でひときわ目を引くトマス篭手田の像

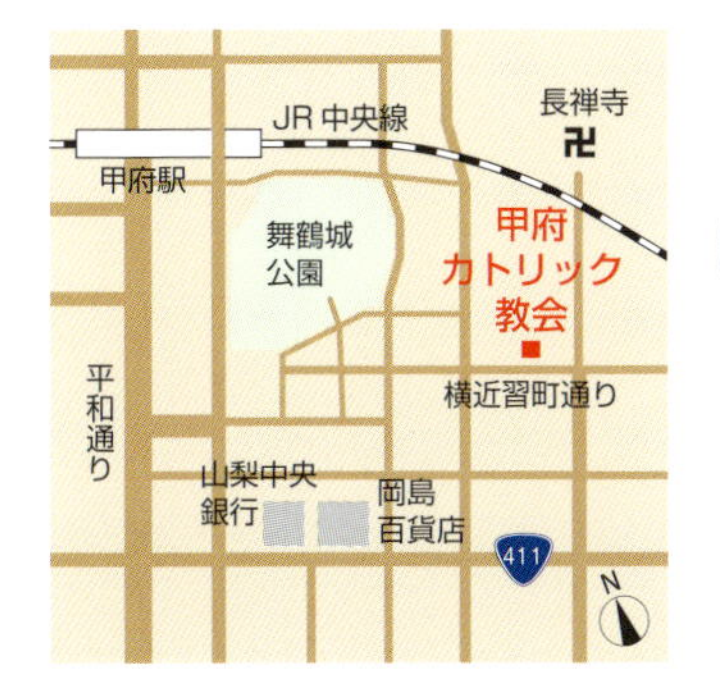

MEMO 甲府カトリック教会

甲府市中央2の7の10。1886（明治19）年に甲府市太田町に前身の伝道所が開かれる。1898年に相生町に伝道所が移り、1925（大正14）年に現在の場所に天主堂が建てられた。設計はブーブ神父の前任で、相生町に伝道所があった当時のドルワール・ド・レゼー神父とされる。毎週日曜午前10時30分にミサを開いている。施設は常に開放されていて、マナーを守る範囲であれば内部の見学も可能。

甲府法人会館
（旧甲府商工会議所）

大正15年建築・甲府市

県内最古の鉄筋造り

荘厳な装飾が目を引く1階から2階に延びる階段。正面の窓の向こうがかつての会頭室

柱を並べて構成した直線的なフォルムが、重厚な雰囲気を醸し出す甲府法人会館（甲府市中央4丁目）。問屋などが並び、かつて甲府の商業の中心地として栄えた街並みを、現在も威厳を保ちながら見守っている。

1926（大正15）年4月に甲府商業会議所（現甲府商工会議所）ビルとして建設。県内に残る最古の鉄筋コンクリート造りの建物とされ、建設には甲州財閥の若尾謹之助ら名だたる資産家が寄付をした。

関東大震災（1923年）の教訓を踏まえた耐震構造とするため、当時の建築技術の粋を結集。甲府空襲の戦火もくぐり抜けた。山梨大の調査で、マグニチュード（M）8・5程度の地震にも耐えられる構造であることが分かっている。

3階のホールには一辺約6メートルの大きな天窓があり、

自然光を豊かに取り込む。当時の流行を先取りしたアールデコ調の直線的な格子が印象的だ。正面の階段は人造大理石が使われ、2階から3階に通じる階段室はステンドグラスが彩りを添えている。

「3階ホールではダンスパーティーも開かれ、甲府の社交場でもあった」。1971年に会議所に就職した渡辺恭史専務理事(68)は、商工会議所として使用されていたころの様子を今も鮮明に覚えている。

正面の階段を上って2階北側が指導課、南側が振興課の部屋で、回り込んだ西側に会頭室があり、せわしなく人の出入りがあった。「決して広くない建物だが、経済人が集い山梨の経済の今後について議論を重ねていた姿が印象深い。建物がシンボルになり、多くの人が集まったのだと思う」と振り返る。

1階には洋食のレストランがあり、3階ホールでパーティーがあるときは、滑車の付いた専用のかごで料理を運んだという。コの字にくぼんだ昇降機の名残は、3階の一角に見ることができる。

大きな天窓から明かりが降り注ぐ3階の大ホール

建設時の威厳を保つ外観

MEMO 甲府法人会館（旧甲府商工会議所）

鉄筋コンクリート造り3階建て、延べ床面積1751.72平方メートル。1977（昭和52）年に甲府商工会議所が移転したのに伴い、県法人会連合会が買い取った。その後、1992（平成4）年に甲府法人会の所有となる。これまでに計4回の改修が行われている。1996年には文化庁の登録有形文化財に指定された。現在は甲府法人会、やまなし出会いサポートセンター、甲府中央四郵便局、県石油協同組合など9機関が事務所を構えている。

平日午前9時～午後3時に公開しており、見学希望者は甲府法人会事務局、電話055(237)7774に申し込む。

甲府法人会館の１階から見上げる、２階への階段

JR身延線・南甲府駅

昭和３年建築・甲府市

かつては貨物の集積基地

富士身延鉄道会社の本社として建設されたＪＲ南甲府駅。外観はほぼ当時のまま残る

左右対称の荘厳な外観が特徴のＪＲ身延線・南甲府駅。昭和初期に、前身の富士身延鉄道会社の本社兼「甲府南口駅」として建てられた。上部に施されたアールデコ調の装飾が、そのころの流行をうかがわせる。

現在までの改修で、駅内部では建築時の面影を残すものは少なくなっている。ただ1階の駅長室の壁には富士身延鉄道の貴賓室にあったというステンドグラスが飾られ、当時の雰囲気を今に伝える。

現在は乗務員の宿泊室となっている2階へと通じる階段も、建築当時のもの。80年以上の歳月を示すかのように、コンクリートの段は角が丸くなっている。

改札を抜けホームに向かうと、屋根を支える鉄骨に廃レールが再利用されており、設置時の事情がしのばれる。よく見ると、米国の鉄鋼王カーネギーに由来する「ＣＡＲＮＥＧＩＥ」の文字。鉄が貴重だった時代、蒸気機関車の廃レールを建築資材としてリサイクルしていたという。

富士身延鉄道は後に国が借り上げ、駅名も南甲府駅となった。駅は長年、静岡方面からの貨物の集積基地として機能し、石油やセメントなどが輸送された。

1973（昭和48）年から4年間、助役として勤務した山口政美さん（82）＝甲府市青葉町＝は「多いときは100両近い貨物車両が敷地内をひっきりなしに往来した」と振り返る。駅員は通常、制服・制帽姿で改札業務に当たるが、「いつでも貨物車両の入れ替え業務が行えるよう、南甲府の駅員は常に作業着とヘルメット姿だった」という。

輸送手段の多様化で貨物車両は減少。2001（平成13）年に貨物の取り扱いに幕が下ろされた。

駅内で駅員が利用する階段は建設当時のままの姿で残る

廃レールを再利用した柱。米国の鉄鋼王カーネギーに由来する「CARNEGIE」の文字が記されている

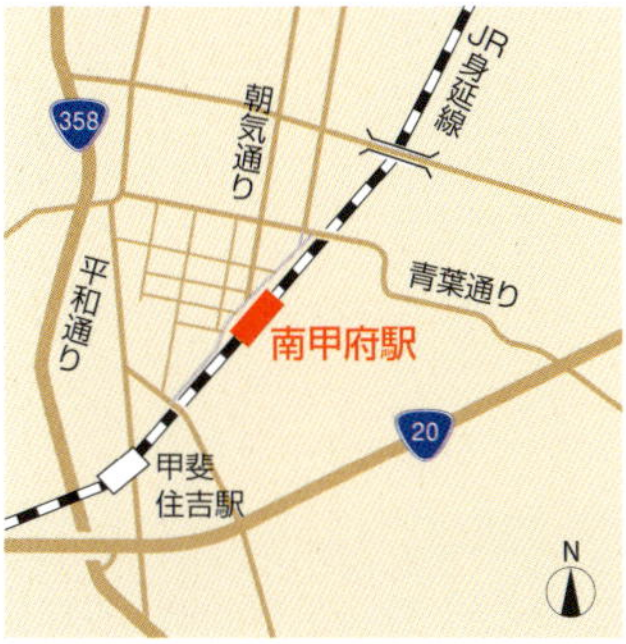

MEMO JR身延線・南甲府駅

甲府市南口町。鉄筋コンクリート2階建て。延べ床面積997.2平方メートル。1928（昭和3）年に富士身延鉄道会社の本社と「甲府南口駅」として建設された。駅名は1938年に国が富士身延鉄道を借り上げたのに合わせ、現在の「南甲府駅」に改めた。1941年から国有化されて国鉄となり、1987年の分割民営化により、ＪＲ東海の所管となる。駅舎は今も現役として多くの乗降客が利用しているが、改札窓口と待合所以外は一般の立ち入りはできない。

県議会議事堂

昭和３年建築・甲府市

威厳満ちた県政の殿堂

1、2階が吹き抜けになっている議場。格天井の中央に武田菱がデザインされている

　平和通りから県庁の敷地に入ると、来庁者を威厳に満ちたたたずまいで迎えるのが県議会議事堂だ。左右対称のフォルムが特徴的で、1928（昭和3）年の落成以来、80年以上にわたって県政の〝殿堂〟となっている。

　外壁には花こう岩と特殊タイルが張られ、重厚感を醸し出す。屋根には円柱状の瓦が並び、県章の刻印が目を引く。入り口の大理石は角が丸くすり減り、歴史の重みを感じさせる。

　議場は1、2階吹き抜けで設けられ、格天井の中央には武田菱がデザインされている。県議席は現在、県執行部側と向き合う形で、奥にいくほど高く階段状になっているが、当初はアーチ状にしつらえられていたという。

　県議会各会派の控室は、長い歴史の中で一時、各政党の県連事務所として使われていた時代もあった。「自民党県連の青年部員として、旧社会党の県連事務所となっていた部屋の前を、緊張しながら通ったものです」。県議会最多の当選10回を数える前島茂松県議(81)は、1971(昭和46)年の初当選以前に議事堂に出入りしていた当時を振り返る。地下には大ホールがあって各党の演説会が開かれ、「大物政治家が登壇するときには聴衆が入りきらなかったね」としみじみ語る。

2012(平成24)年2月にかけて大規模な改修が行われ、エレベーターが設置されるなどバリアフリー化が進んだ。傍聴席は傾斜を緩和し席数が増設された。

時代と共に施設内は変容してきたが、「重みのある空気はいつの時代も変わらない。県政の歴史が詰まった建物はいつ来ても背筋が伸びるんです」と前島氏は表情を引き締めた。

県政の歴史が詰まった建物の趣ある階段

来庁者を迎えるたたずまいは威厳に満ちている

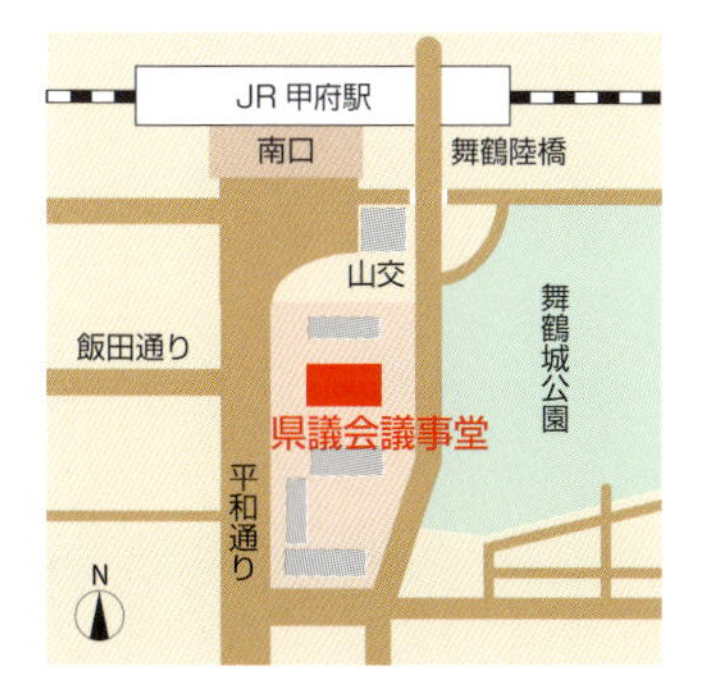

MEMO 県議会議事堂

鉄筋コンクリート一部鉄骨造り。地下1階、地上2階建て。建設当時の延べ床面積は3590平方メートル。1927(昭和2)年に隣接する県庁別館(P34参照)とともに起工し、県庁別館よりも2年早い1928年に完成した。1962年には議事堂東側に正副議長室や委員会室などの増築が行われた。2010(平成22)年から2012年にかけての改修では、エレベーターの設置や議場の傍聴席の増設のほか、図書室の地下への移転が行われた。2009年に県指定有形文化財に指定された。

旧杉浦醫院

昭和４年建築・昭和町

地方病との闘い伝える

杉浦健造、三郎父子が患者を診ていた診察室

昭和町西条の住宅地に、スギやカシに囲まれた日本家屋がたたずむ。地方病（日本住血吸虫病）の研究と治療に尽力した医師・杉浦健造、三郎父子の旧杉浦醫院だ。敷地内には旧醫院のほか母屋などが建ち、三郎の孫・純子さん（86）が住んでいる。

1751（寛延4）年に杉浦覚道がこの地で医道を始めたのがルーツ。現在も残る旧醫院は8代目の健造が1929（昭和4）年に建てた。当時の一般的な民家に比べモダンなつくりで、水色の窓ガラスが使われ、応接室にはシャンデリアが下がる。調剤室、レントゲン室といった医療にかかわる特殊な部屋も多い。

母屋と醫院をつなぐ渡り廊下には、三郎の趣味だったたばこを楽しむ部屋が増設されている。3畳ほどの部屋からは日本庭園が一望できる。渡り廊下とこの部屋は扉で仕切ることができ、分煙のはしりだったとみられている。

「建物を見ると、優しかった三郎先生を思い出す」。近くに住む塚原省三さん(87)は、当時を思い出して目を細める。塚原さんは小学校時代に地方病にかかり、杉浦醫院に通って完治した。三郎は、お金がない人には「あるときに払ってくれればいいよ」と言い、塚原さんも無料で診察を受けたという。

醫院では年に1度、近所の住民を招いて感謝祭を開き、食べ物を振る舞うこともあった。塚原さんは「醫院は子どものころの遊び場で、ごちそうを食べさせてもらうなど、良い思い出ばかりが詰まっている」と振り返る。

旧醫院は、そこに通った人々の思いとともに、甲府盆地を中心にまん延した地方病との闘いの歴史を今に伝えている。

醫院内にある応接室。当時の民家としてはモダンなシャンデリアが設置されている

旧杉浦醫院の外観

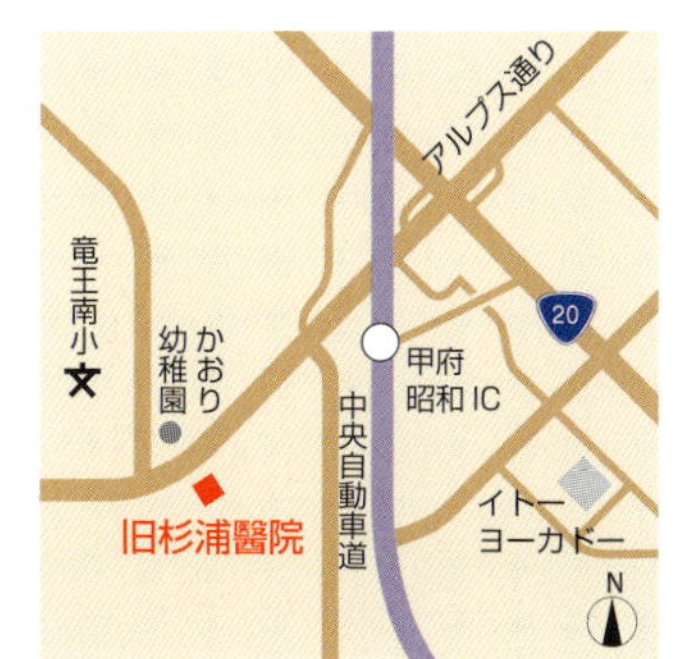

MEMO 旧杉浦醫院

昭和町西条新田850。2012(平成24)年8月13日に敷地内の母屋、旧醫院、屋敷蔵、土蔵、納屋の5軒がそれぞれ、国の登録有形文化財に指定された。旧醫院は昭和初期、母屋は明治時代の建築とされる。旧醫院は「昭和町風土伝承館　杉浦醫院」として公開されている。午前9時30分から午後4時30分まで(土・祝日及び年末年始は休館)。入館料は大学生・一般200円、小中高校生100円。
問い合わせは杉浦醫院、電話055(275)1400。

県庁別館

昭和５年建築・甲府市

重厚な装いに歴史と風格

重厚さが漂う外観。昭和初期から現代にかけて、県政の舞台となってきた

ツタが絡まる歴史と風格を感じさせる外観に、内部も重厚な装いが施されている。１９３０（昭和５）年に完成した県庁別館（旧館）は、２００９（平成21）年に隣接する県議会議事堂（Ｐ30参照）と共に県の有形文化財に指定された。より県民に開かれた建物となるよう、展示施設の整備計画も進んでいる。

意匠は、１９１０〜１９３０年代にフランスを中心に欧州で流行したスタイルであるアールデコ様式。全体的に直線と立体を多用した装飾が特徴になっている。庁舎内の柱上部の「柱頭飾り」には細やかな飾りが施され、重厚さを際立たせている。３階の壁面には、山梨をイメージさせるブドウをデザインしたレリーフも飾られ、庁舎内を彩る。

軒の周囲は県章を表した瓦が使われているほか、建物平面図は「山」の形となっている。玄関ポーチの花こう岩は塩山、床や壁面の大理石は道志で産出された材を使うなど、郷土色豊かな造りになっている点も注目される。

昭和初期から現代に至るまで、県政の舞台となってきた遺産は改修により山梨の歴史や文化、人を学べる展示スペースを設け、3階の一室には迎賓室「正庁」を復元。格子状の天井など創建時の姿を再現。2階には元首相の石橋湛山や「鉄道王」根津嘉一郎らを候補に、県ゆかりの先人の功績をパネルなどで紹介していく。

1949年に県職員となり、副知事を歴任するなど長く別館を職場にした小沢澄夫さん(82)はこの建物に愛着を抱く。「県職員にとって、かつてはあそこが本陣。風格あるあの空間で活躍したいと、みな思ってたんじゃないかな」と振り返りつつ「今後も変わらず親しまれる建物としてあり続けてほしい」と語った。

1階の階段ホール。床や壁面などの大理石には道志産の一級品が使われている

3階の壁を飾るブドウのレリーフ

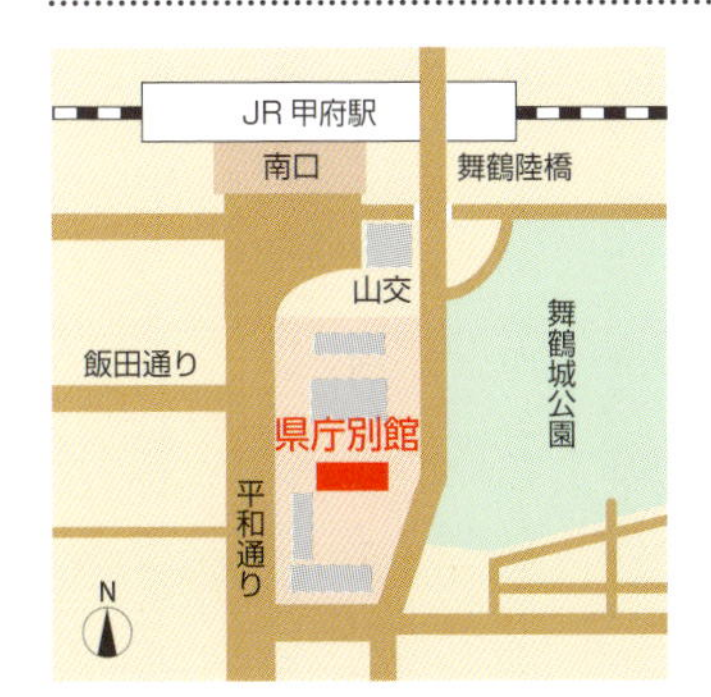

MEMO 県庁別館

甲府市丸の内1の6の1。鉄筋コンクリート造り、地上4階、地下1階で延べ床面積は6589平方メートル。建築には、当時東大教授で日本の建築構造学の基礎を築いた建築学者・佐野利器が関わったとされる。当時は県庁舎の中心として知事室や内務部長室、各課事務室が配置されていたが、現在は観光課など各課室が使用している。2015（平成27）年にオープンした同館の山梨近代人物館では、県ゆかりの人物の功績を展示等で紹介するほか、正庁、旧知事室、昭和初期の知事応接室を利用した県政歴史展示室等が公開されている。開館時間は午前9時～午後5時（第2・第4火曜及び年末年始は休館）。
山梨近代人物館の問い合わせは電話055（231）0988。

旧小井川郵便局

昭和５年ごろ建築・中央市

随所に光る匠の技

局の入り口だった玄関の右側に、峡中南エリアの通信を支えた電話室の名残がある

ＪＲ身延線小井川駅北西の県道沿いに、都市化が進む地域の中で取り残されたようにレトロな建物がたたずんでいる。１９３０（昭和５）年ごろに建てられた旧小井川郵便局。外壁は筋の入ったスクラッチタイルで覆われ、十字に組まれた切り妻屋根など随所に匠の技がうかがえる。

所有者の関敦隆さん（56）の祖父・五郎さんが郵便局を始める際に、身延町下山の大工に依頼して建築した。五郎さんは海軍の通信士としてヨーロッパを訪れた経験があり、「当時としてはハイカラで洋風かぶれだった」（敦隆さん）ことが、建物の雰囲気に表れている。

局の入り口だった玄関には

今もカウンターの面影が残り、右手には峡中南エリアの通信を支えた電話室がある。ドアや窓枠は一つ一つ手彫りで作られ、意匠を凝らしてある。上下に開く窓は、重りとのバランスで好きな位置で止められるようになっている。

郵便局は1958年ごろ、父・昌能さんの時代に廃業。一時は空き家になったこともあったが、現在は敦隆さん一家4人が暮らしている。敦隆さんは「事務所として建てられたため、階段が急だったり、間取りが悪かったり、生活しづらい」と言いながらも、建物への愛着はひとしお。

「郵便局としての顔は知らないが、関家3代を見守ってきたこの家を守り続けることが自分の使命のような気がする」と、壊れた瓦を交換しながら生活を続けている。

都市化が進む地域の中で、レトロな雰囲気漂わせる外観

窓は重りとのバランスで、好きな位置に止めることができるようになっている

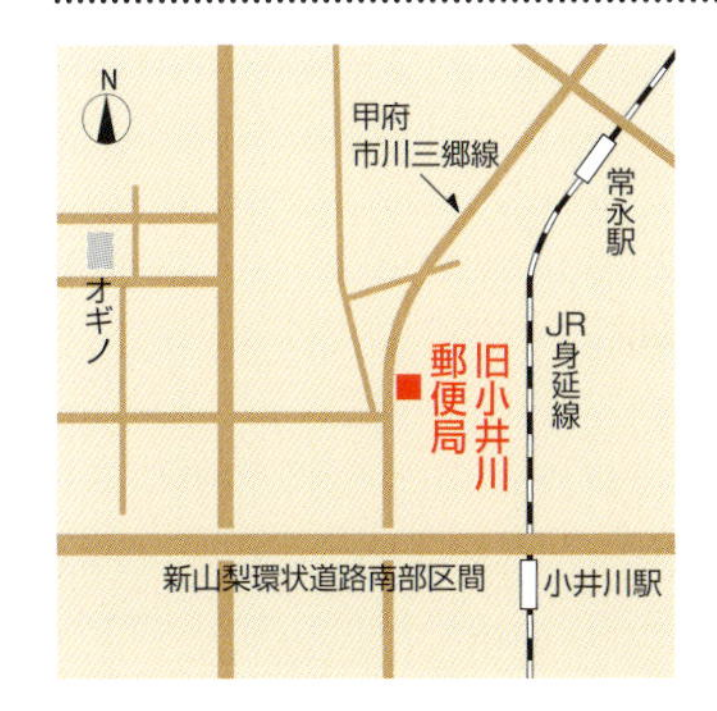

MEMO 旧小井川郵便局

中央市布施。木造２階建てで、延べ床面積 96 平方メートル。1930（昭和 5）年ごろに下山大工によって建てられ、特定郵便局として地域の通信を支えた。現在は住宅として使われているが、県道から外観を見ることができる。1998（平成 10）年に国の登録有形文化財に指定された。

峡南・峡東・郡内

山梨の近代化遺産

市川教会

明治 30 年建築・市川三郷町

115年間響き渡る賛美歌

腰折れ屋根や石積み白しっくいの外壁が特徴の外観

市川三郷町市川大門の中央部を東西に走る、中央通り沿いに建つ「市川教会」。石積みの高基礎の上に建つ、しっくい仕上げの簡素な造り。屋根の上部が袴越（はかまごし）と呼ばれる台形になっており、切り妻の玄関妻壁のデザインが特徴的だ。玄関上部には、右から左に「市川教會」の文字が並んだ表札が掲げられている。

1877（明治10）年に宣教師が市川大門村を訪れたことをきっかけに、周辺では教会設立への機運が高まった。1888年には民家を借りて教会とし、その9年後に信徒からの献金で今の建物が完成した。

「建物の中は少し変わったけど、外観やたたずまいは小さいころからちっとも変わらないね」。信徒の立川善之助さん（74）＝同所＝は教会を見上げて振り返る。幼いころ都内から疎開してきた立川さん。

教会では毎週日曜に教会学校が開かれており、小学生のころ時々だったが、家の近くにあるこの教会に通った。30歳を過ぎてからは、毎週日曜の礼拝には必ず顔を出すようになった。結婚式もこの教会で挙げた。

内部は礼拝堂一室だけ。4人ほどが座れるいすが12脚並び、正面には半円形の祭壇があり、聖餐台が置かれている。毎週日曜午前に開かれる礼拝では、信徒30人ほどが礼拝堂に集い、賛美歌を歌い、祈りをささげる。クリスマスには壁の両側にある燭台のろうそくに火がともされ、教会が設立した幼稚園の園児や周辺住民でにぎわう。

立川さんは「変わらずにここにあるというのが大事。私のように、子どもたちがいつかまたこの教会に帰って来ることを願っている」と話す。

115年以上前とほぼ同じ姿で市川大門の町にたたずむ教会。毎週日曜には今も美しい賛美歌が礼拝堂に響き渡る。

1897（明治30年）に建てられた木造平屋建て。
洋風建築のエッセンスが随所に見られる教会内部

MEMO 市川教会

市川三郷町市川大門。1897（明治30）年に完成。木造平屋建てで、延べ床面積は91平方メートル。1997（平成9）年には国の登録有形文化財に指定された。毎週日曜午前には礼拝が行われている。礼拝の前には、子どもたちが礼拝する教会学校が開かれる。内部は見学することができる。
連絡先は電話055（272）0786。

市川敎

正面から見た市川教会。袴越の屋根の上部や、
切り妻の玄関妻壁がよくわかる

旧春米学校

明治９年建築・富士川町

子どもの声響くシンボル

増穂のシンボルとなっている旧春米学校。
130余年たった今も、教室の内外に子どもたちの歓声が響いている

富士川町最勝寺の増穂小グラウンド脇に建つ旧春米学校（町民俗資料館）。擬洋風の藤村式建築（P14参照）の特徴である、ベランダやバルコニー、両開きの窓が目を引く。3階の六角形の塔屋には、チャイム代わりにたたかれた太鼓があり、町民からは「太鼓堂」と呼ばれ親しまれている。

「冬は火鉢で暖を取り、夏はステテコ姿で左手にうちわを持って仕事をした。勤務環境は悪かったけれど、がむしゃらに働いたね」。1966（昭和41）年まで役場庁舎として使われていた旧春米学校で、増穂町職員（当時）として働いた大久保俊彦さん（75）＝同町春米＝は当時をこう振り返る。

1959年には伊勢湾台風が襲い、町は大きな被害を受けた。土木課にいた大久保さんは台風後、鉄筆を手に連日、日付が変わるまで復旧工事の図面に向き合った。「床はギシギシ言って、風が吹くと窓がガタガタって鳴ってた。台風でよく飛ばされなかったなぁ」と懐かしむ。

1974年に現在地に移築され、民俗資料館として生まれ変わった。1階には実際に使われていた机やいす、教科書など教育関係の資料を展示。2階には県内に5体しか残っていない米国から贈られた「青い目の人形」や民具、太平洋戦争の資料などが並んでいる。

増穂小では毎年、3年生が総合的な学習の時間を使い、旧春米学校について学んでいる。5月30日には児童が同資料館を見学した。大久保さんは「旧春米学校は増穂のシンボル。子どもたちには地域の歴史をこれからも受け継いでいってほしい」と話す。

建築から130余年。旧春米学校には、当時と変わらず子どもたちの声が響いている。

特徴のある3階の塔屋は「太鼓堂」として親しまれている

実際に使われていた机やいす。民俗資料館として多くの展示品が並ぶ

MEMO 旧春米学校（富士川町民俗資料館）

1876（明治9）年、増穂村春米に建築された。1887年に現在地の西側（現増穂小体育館付近）に移築され、1920（大正9）年まで増穂尋常小校舎として使われた。その後、1966（昭和41）年まで増穂町役場庁舎として使用。1974年に増穂小新校舎完成に伴い現在地に移築され、今は資料館として開放している。木造3階建て、延べ床面積237.8平方メートル。開館日は毎週水曜と日曜、毎月第2土曜で、時間は午前9時から午後12時までと、午後1時から午後4時。入館無料。問い合わせは富士川町教育委員会、電話0556（22）5361。

ボロ電

昭和５年運行開始・富士川町

今も当時の思い出乗せ

引退当時のままの車内。緑色の座席とつり革が備え付けられている

富士川町長沢の利根川公園の通称「廃軌道」沿いの一角に、くすんだオレンジ色の電車が展示されている。50年前に廃線となるまで、県民に「ボロ電」と呼ばれて親しまれた電車だ。

正式名称は「山梨交通電車線」。ボロ電の愛称は駅舎の古さから付けられたという。１９３０（昭和５）年から32年間、増穂町（現富士川町）の甲斐青柳駅から甲府駅までを56分でつないだ。通勤や通学など多いときで年間約４８０万人が利用したが、バスの発達などにより利用客は減少し、廃線となった。

展示しているのは１９４８

年に製造され、廃線後は1986年まで長野県の上田丸子電鉄や神奈川県の江ノ島電鉄で運行した車両。全長約13メートル、幅2メートル、高さ4メートルで、定員は約90人。車内は引退当時のままで、前方に運転席があり、緑色シートの座席とつり革が備え付けてある。

引退後、住民からの要望を受け、増穂町が購入して展示した。

「色は違っていたけど、乗っていたときとほとんど変わらない」。旧制甲府中学入学から甲府一高卒業までの6年間、通学で利用した小林信彦さん(80)＝富士川町青柳町＝は懐かしそうに語る。

当時、車内は毎朝、詰め襟やセーラー服姿の生徒たちでごった返した。「女性が車掌をしていてね。クラスメートや小学校時代の同級生と顔を合わせては、『あの車掌さんきれいだね』なんて話していたよ」と笑う。

今も孫を連れて、ボロ電を見に行くという小林さん。「ボロ電のおかげで多くの友人ができた」と振り返る。

廃線から半世紀。廃軌道沿いの風景は桑畑から住宅街へと姿を変えたが、ボロ電は今も変わらず利用客の思い出を乗せてたたずんでいる。

くすんだオレンジ色の廃線時の姿で展示されている車

運行当時の車両

MEMO 山梨交通電車線（通称・ボロ電）

増穂町（現富士川町）の甲斐青柳駅から櫛形町、白根町（いずれも現南アルプス市）、竜王町（現甲斐市）を経由し、甲府駅までをつないだ26駅、全長20.3キロの路線。1930（昭和5）年に運行を始め、1962年に廃線。上下線とも30分ごとに1本運行で、運賃は15～60円。車両は甲府市の相生交差点が曲がりきれないため、1両編成。時代によって青などに色を変え、廃線時はオレンジ色だった。外観は自由に見ることができるが、車内を見学する場合は、町都市整備課への連絡が必要。電話0556（22）7214。

旧室伏学校

明治８年建築・山梨市

いつの時代も文化発信

太い梁のある天井が目を引く１階の教室

山梨、埼玉両県を結ぶ国道140号の室伏トンネルを抜けると姿を見せるのが、旧室伏学校（牧丘郷土文化館）。1875（明治8）年に建てられ、峡東地域で唯一残っている擬洋風の藤村式学校建築（P14参照）だ。屋根の上には太鼓楼と称する塔屋が載っており、この姿がインク壺に似ていることから「インキ壺の学校」の愛称で親しまれてきた。

開校時は現在地より500メートルほど南西にあった。「2階のバルコニーから見る甲府盆地の景色が好きだった」と懐かしむのは、1933（昭和8）年の閉校当時に通っていた武井照のさん（87）。「学校の建物はとても近代的だったけど、私たちの服装は和服（着物）。洋服を着てきている子は、クラスに2、3人だった」と当時を振り返る。

県内に残る他の4棟の藤村

式学校建築と同様、ベランダやバルコニー、両開きの窓などが特徴だ。閉校後は、室伏地区の公会堂、日川高や山梨高定時制の分校舎、さらには保育所、公民館などとして、何度も改築されながら使われてきた。

隣が道の駅という立地条件もあって、来訪者が多い旧室伏学校

往時の姿を取り戻そうと、牧丘町（現山梨市）が2003（平成15）年に、「道の駅」脇の現在地に復元・移築。元からの柱や梁を可能な限り生かし、明治期の教室の様子などを再現した。

現在は資料館として、埼玉側から山梨に入って最初に富士が見える場所で、観光客などを出迎えている。室伏公民館時代に館長や区長を務めた武井正和さん（82）＝同市牧丘町室伏＝は「利用の仕方は変わっても、いつの時代も室伏地区の生活拠点で文化の発信地だった」と慈しむように語る。

白壁に木の階段が歴史を感じさせる

MEMO 旧室伏学校（牧丘郷土文化館）

山梨市牧丘町室伏。木造2階建てで、建築面積は161.95平方メートル。1875（明治8）年に開校し、1933（昭和8）年9月に閉校となった。現在は資料館として公開され、1階は明治期の教室を再現し、明治から昭和にかけての教育資料を展示している。2階には、バロック絵画の巨匠ルーベンスの作品展示室と、市に関係のある情報展示コーナーがある。開館日は土、日、祝日（年末年始は休館）、開館時間は午前10時～午後3時。入館料は一般100円、中学生以下、70歳以上は無料。問い合わせは牧丘郷土文化館、電話0553（35）2331。
休館日の問い合わせは山梨市役所牧丘支所、電話0553（35）3111。

旧千野学校

明治12年建築・甲州市

役割変えつつ地域の中心に

擬洋風建築の雰囲気を残す外観

千野学校、塩山市警察署庁舎、県立図書館の塩山分館…。甲州市塩山上於曽の同市商工会の隣に、時代とともに役割を変えてきた、歴史を感じさせる板壁の建物がある。

130余年前に同市塩山千野地区に山梨郡第15区小学校として建てられ、廃校後の1948（昭和23）年に現在の場所に塩山市警察署庁舎として移築された。学校当時にあったバルコニーなどはその際に改築されたといわれるが、青と白のペンキで塗られた外観は、どことなく擬洋風建築の雰囲気を残している。

警察署時代を知る市の観光ボランティアガイドを務める樋口なつ子さん（74）＝甲州市塩山上於曽＝は「官舎には友達がいたり、1円を拾えばみんなで届けに行ったりした」と振り返る。1958年からは県立図書館の塩山分館として使用され、2階に掲げられた「中央区一坪図書館」という表札にその名残を見ることができる。その頃は「子どもたちの活気にあふれていた」（樋口さん）という。

1982年からは、現在の中央区区民会館として使用されている。手芸教室や老人会の会合などが開かれ、多くの人から愛され続けている。橋爪洋信区長（72）は「もっと積極的に活用し、歴史ある建物として地域の子どもたちに魅力を伝えたい」と話す。

旧千野学校は、文明開化のけん引役となった明治の学校時代から、場所、名称、外観、内装を変えながらも、いつの時代も地域住民の生活や心の中心にあった。樋口さんは「これからも地域みんなで大切に利用していきたい」と区民会館を見つめた。

現在、区民会館として地域の人々に親しまれている館内

図書館として使われていたことを物語る「中央区一坪図書館」の表札

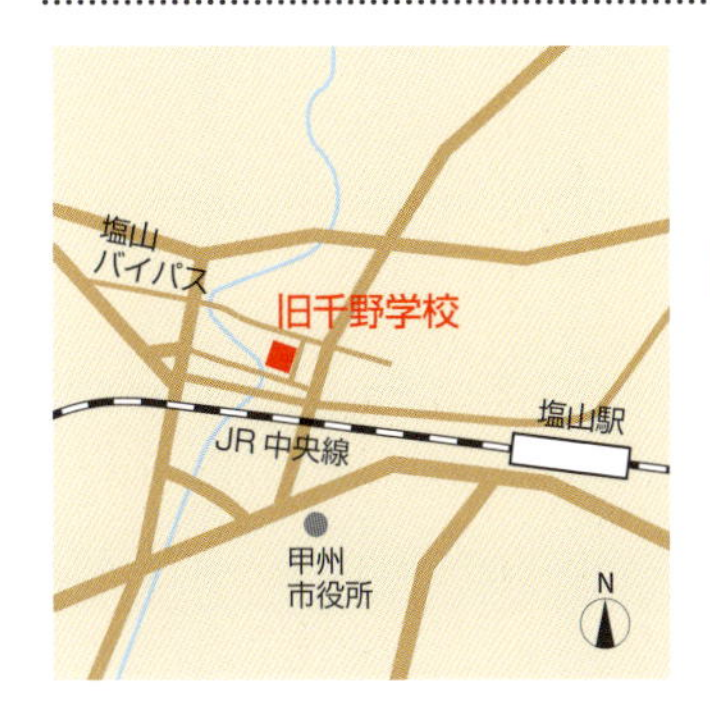

MEMO 旧千野学校

甲州市塩山上於曽。木造2階建て、延べ床面積129平方メートル。1879（明治12）年に山梨郡第15区小学校として開校。千野地区にあったことから「千野学校」と呼ばれた。1943（昭和18）年に廃校となり、1948年に塩山市警察署庁舎として現在の位置に移築され、1982年から中央区の区民会館として利用されている。内部の一般公開はしていない。

旧田中銀行博物館

明治31年ごろ建築・甲州市

往時の風格や気品、今も

車寄せの八角の柱に細かくノミで矢羽根状の装飾が施され、帝国ホテルなど組石造りの外観を灰しっくいでまねた外壁の横じまパターン。甲州市勝沼町勝沼の甲州街道（旧国道20号）沿いにある旧田中銀行博物館は、学校とはまた別の藤村式建築（P14参照）の姿を今に伝えている。

当初は、新宿から八王子まで開通した甲武鉄道（現JR中央線）の延伸工事に伴う電信需要に応えるため、勝沼郵便電信局舎として建てられた。

手すり付きのらせん階段、引き上げ窓が特徴の擬洋風建築

4年ほど使われた後、1920（大正9）年に山梨田中銀行の社屋として修築され、文書保存用のれんが蔵などが整備された。

手すり付きのらせん階段や、引き上げ窓が特徴の擬洋風建築。扉の随所には薄いペンキの上に濃い色を重ねたペンキ木目が見られ、県内にはほとんど残っていない貴重な資料となっている。

2003（平成15）年から博物館として一般公開され、ボランティアグループ「友の会」が当番で管理する。会の代表・橘田智男さん（86）は「頭取の机やいす、計算機にスタンプ、蓄音機など、当時使われていたものがたくさん残っています」と慈しむように話す。

往時の様子が分かるような展示方法が好評の室内

銀行廃業後は再び改修され、住宅として使われた。戦後間もない1948（昭和23）年ごろまで、銀行設立者の一人である田中薫策の息子・逸策さん一家が旧満州から引き揚げ、住居としていた。

橘田さんは当時、勝沼小で逸策さんの娘の担任をしていた。「現在、裏庭となっている部分には台所やかまどがあった。一階は畳の部屋が四つぐらいあったと思う」と家庭訪問で訪れた時のことを振り返る。そして「建物の風格や上品さは今も昔も変わらない。ここへ来ると明治の郷愁を感じる」としみじみ語った。

重厚な扉で守られた、田中銀行時代の金庫

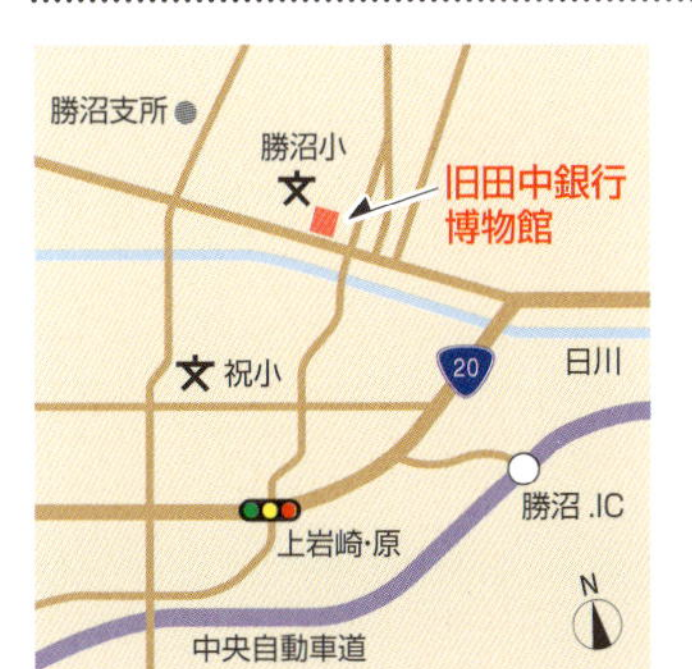

MEMO 旧田中銀行博物館

1898（明治31）年ごろの建築。木造2階建て。旧田中銀行の社屋とれんが造りの土蔵は、明治後期から大正時代の擬洋風建築を今に伝える建造物として、1997（平成9）年に国の登録有形文化財となった。1998年12月には、所有者の田中逸策さんから勝沼町（現甲州市）に寄贈された。現在は、友の会によって運営されている。
開館日は4～10月は木～日曜日、11～3月は土日で、時間は午前9時30分～午後4時。入館無料。
問い合わせは旧田中銀行博物館、電話0553（44）3755。

当初は勝沼郵便電信局舎として建てられ、
後に山梨田中銀行の社屋として修築された

宮光園

明治29年母屋建築・甲州市

醸造、観光ブドウ園先駆け

1階が純和風で2階が洋風の造りとなっている母屋

入り口の門には、「大黒天印」とブランド名が刻まれた「甲斐産葡萄酒」の看板が掛かる。それをくぐると、1階が純和風、2階が洋風に造られた立派な母屋が目に入る。庭では富士山を連想させる大きな石と、ワイン樽に乗った大黒様が出迎える。

甲州市勝沼町下岩崎の「宮光園」(旧宮崎葡萄酒醸造所と観光ブドウ園)は、ワインの街・勝沼の歴史を今に伝える産業遺産だ。ルーツは、県令・藤村紫朗の指導で1877(明治10)年に設立された、国内初のワイン醸造会社「大日本山梨葡萄酒会社」にさかのぼる。

同社解散後、当主の宮崎光太郎がフランスで醸造技術を学んだ土屋龍憲と共に醸造器具を引き継ぎ、操業を開始した。宮崎は後に土屋から独立し、1892年に自宅に第一醸造所を設置。醸造だけでなく、ブドウ栽培を観光業と結び付け、ブドウ園を訪れた客にブドウやワインを楽しんでもらう、現代の観光ブドウ園のスタイルを築く先駆けとなった。

「2階におれの部屋があって、囲いがあってそこにいたんだよ」。1896年に建てられた母屋に、高校時代を含む約7年間住んでいたという、光太郎のひ孫に当たる松本良一さん(70)=下岩崎=は振り返る。「現在は使われていない階段が当時のまま残っていて、台風が来たときに倒れないように門を押さえたことは今も覚えている」と懐かしむ。

約7500平方メートルの敷地には、資料館として公開されている母屋のほか、白ワインを貯蔵した白蔵、文庫蔵、れんが造りの煙突などが立ち並ぶ。有賀文雄施設長は「国産ワインの歴史を伝える大切な施設であり、多くの人に訪れてほしい」と話す。

「甲斐産葡萄酒」と書かれた門が出迎えてくれる

展示スペースとして改装された2階部分、宮光園やワインの歴史を知ることができる

MEMO 宮光園

甲州市勝沼町下岩崎。宮崎光太郎が自宅に整備した宮崎葡萄酒醸造所と観光ブドウ園の総称。母屋の建築は1896（明治29）年。延べ床面積443.24平方メートル。木造瓦ぶき2階建て。2階は昭和初期に、縦長の上げ下げ窓が目を引く洋風に改築された。2007（平成19）年度に経済産業省の「近代化産業遺産」に認定。市が改修工事をし、2011年3月から母屋が展示資料室などとして一般公開され、その後、白蔵、離れ座敷等も公開されている。文庫蔵から発見された、大正期のブドウ栽培やワイン造りの様子が記録された35ミリフィルムの映像も見ることができる。休館日は火曜（祝日の場合は翌日）、年末年始。開館時間は午前9時から午後4時半。入館料は20歳以上200円、20歳未満・学生100円。問い合わせは宮光園、電話0553（44）0444。

龍憲セラー

明治33年ごろ完成・甲州市

ワイン造りの歴史伝える

レンガを使い、トンネルのようなアーチ形に造られたセラーの内部。
当時を思わせるように、ワインの樽が置かれている

ワイナリーが点在する甲州市勝沼町下岩崎地区。ブドウ畑と住宅に囲まれた一角に、小高い丘のような場所がある。石積みの脇に設けられた入り口の鉄格子には「龍憲セラー」のプレートが掛かる。

外からうかがうことはできないが、内部はトンネルのようなアーチ形をした、レンガ造りの半地下式貯蔵庫となっている。「勝沼そして日本のワイン産業の発祥地とも呼べる場所」。同市観光交流課の三森哲也課長はそう語る。

県令・藤村紫朗の指導で1877（明治10）年、日本初のワイン醸造会社「大日本山梨葡萄酒会社」が設立された。この年、ワイン造りの研修のため本場フランスに派遣されたのが、同社の土屋龍憲と高野正誠だった。

2人は1879年に帰国後、同社が日本酒を醸造していた

場所を借りてワイン醸造を始めた。それが現在セラーがある場所だ。「龍憲はフランスのように品質の高いワインをなんとしても造りたいという熱意を持っていた。その思いが地下貯蔵庫、レンガ造りのセラーにつながったと言われている」（三森課長）

醸造を続けた土屋が、ワインを定温で寝かせる最適な手法として応用したのが、日本の近代化を支えた鉄道のトンネル技術。使用されているレンガは、1896年から建設が始まった中央線のトンネルで使われているものと似ており、積み方も共通しているという。

龍憲セラーを管理していたこともあるメルシャンのビジターセンターで勤務する上野昇さん（62）は「勝沼の地に、ワイン造りが100年以上も前から続いていることを伝える貴重な遺構」と強調する。

入り口から半地下式の貯蔵庫に下りる階段

小高い丘のようになった龍憲セラーの入り口

MEMO 龍憲セラー

甲州市勝沼町下岩崎。土屋龍憲が作ったワイン貯蔵庫。完成は1900（明治33）年ごろと推定されている。アーチ式レンガ造り、半地下式セラーで建築面積は57平方メートル。ワイン貯蔵庫として使用されていたが、昭和に入ってからはブドウを保存する冷蔵庫としても使われていた。1996（平成8）年、国登録有形文化財に認定された。現在、入り口に保護柵がしてあり、内部を自由に見学することはできない。

旧宮崎第二醸造所

明治37年ごろ建築・甲州市

日本最古 醸造の足跡伝える

ブドウ畑とワイナリーが目に付く甲州市勝沼町下岩崎地区に、現存する日本最古の木造ワイン醸造所がある。土蔵造りの建物に足を踏み入れると、ブドウの破砕工程で使われた水車やコルク打栓機など、大正、昭和期の醸造器具が数多く並び、当時の製造工程を知ることができる。

現在はシャトー・メルシャンワイン資料館となっている、旧宮崎第二醸造所。1877（明治10）年に祝村（現甲州市勝沼町）にできた国内初のワ

中央線の開通を機に増設された旧宮崎第二醸造所
（現シャトー・メルシャンワイン資料館）

イン醸造会社「大日本山梨葡萄酒会社」の解散後、フランスで醸造技術を学んだ土屋龍憲と共に醸造器具を引き継いだ宮崎光太郎が建てたものだ。

土屋から独立した宮崎は、1892年に自宅に第一醸造所、1904年ごろに第二醸造所を建設した。第二醸造所は、前年の中央線（八王子—甲府間）開通を機に、大量輸送が可能になったワインの販売と生産拡大を目指して開設された。

昭和初期には、良質のワインを醸造するため地下を貯蔵庫に改築。醸造所としては1961（昭和36）年まで利用され、その後は貯蔵のみを行ってきた。「貯蔵用の樽は昔は全て手洗いだったんだよ」と語るのは、長く醸造に携わったメルシャンビジターセンターの上野昇さん（62）。作業は長時間にわたり、木製の樽にワインが染み込むため、「匂いで酔っぱらってしまう人もいたね」と懐かしむ。

資料館としてリニューアルした後も、2010（平成22）年まで貯蔵は続けられ「生きている資料館でもあった」。上野さんは「勝沼に根付いたワイン造りの足跡と醸造家の情熱を体感しに訪れてほしい」と語る。

明治時代から昭和初期まで使われていた水の力でブドウをつぶす破砕機。ローラーに金網を使用するものは宮崎光太郎により発案された日本独特のもの

醸造や貯蔵が行われていた当時をほうふつさせる大樽

MEMO 旧宮崎第二醸造所
（シャトー・メルシャンワイン資料館）

甲州市勝沼町下岩崎。1904（明治37）年ごろに上岩崎の望月岩吉が棟りょうとなり、宮崎第二醸造所として建設された。現存する日本最古のワインや醸造器具など約40点が並んでいる。醸造所を経営していた宮崎光太郎は、ブドウ狩りとワイン工場見学ができる観光事業を展開、現在の観光ブドウ園の礎を築いたとされる。隣接する母屋も「宮光園」として、甲州市が整備した資料館になっている。シャトー・メルシャンワイン資料館の開館時間は午前9時半～午後4時半（火曜定休）。問い合わせはシャトー・メルシャンビジターセンター、電話0553（44）1011。

JR笹子隧道

明治36年開通・大月市

110年の時刻むれんが造り

開通から１世紀以上の歴史を刻むれんが造りの笹子隧道入り口（大月市笹子町黒野田））

大月市のＪＲ笹子駅から西へ約1キロにある、中央線下りの笹子隧道（ずいどう）入り口。上り電車が通過する隣のコンクリート製トンネルとは対照的に、歴史を物語るれんが造りの外観で電車の通過を待っている。

ＪＲ東日本によると、建設工事に着手したのは１８９６（明治29）年末。中央本線を全線開通するため、避けて通れない大規模工事だった。延長４６５６メートルは、当時国内最長のトンネル建設計画で、当然ながら工事は難航を極めたという。

トンネル工事のために自家水力発電所を建設して坑内電灯などに使い、掘削した土砂の搬出は馬の力を借りた。人力が頼りの時代で、赤痢の流行などによる人手不足にも悩まされる中、工事の延べ人数は２００万人近くに上った。

開通から１１０年余りが経

過する間、通過するのは蒸気機関車（SL）から電車へと変遷。上部に電線をはわせるため、トンネル内の地面を掘り下げるなど改善を加えながら、現役として鉄路の一端を担い続けている。

2年ごとの定期点検をするたびに、内部ではれんがの隙間から石炭のすすがこぼれ落ち、SL時代がしのばれるという。整備を担当する八王子支社八王子土木技術センターの梶本一郎副所長（56）は「先人の努力を肌で感じる。今では職人がほとんどいないが、れんがを積み上げる技術に感服する」と話す。

トンネル内には、作業員の休憩スペースが今も残っており、かまどだったとみられる跡もある。梶本さんは「長いトンネルなので、昔は丸一日内部にこもって働いていたのだろう」と推測する。

笹子駅には、トンネル建設の偉業を伝える記念碑も残る。梶本さんは「時代が変わっても、人の手がトンネルを守ることは変わらない。できる限りの整備を続け、次世代に継承したい」と語った。

笹子隧道建設の偉業を伝える記念碑（JR笹子駅前）

笹子駅側の入り口上部に掲げられた、伊藤博文の筆による「因地利」の題額

MEMO JR笹子隧道

JR中央本線の笹子－甲斐大和駅間をつなぐ延長4656メートルのトンネル。1896（明治29）年着工、1903年に開通したことに伴い、大月－甲府間が全線開通となった。笹子駅側のトンネル入り口上部には初代首相・伊藤博文の筆による「因地利（地の利を生かす）」、甲斐大和駅側の出口には山県有朋の筆による「代天工（人間の力は天然にも優る）」の文字がそれぞれプレートに刻まれている。2008（平成20）年度、経済産業省の「近代化産業遺産」に認定された。

れんが造りの蔵

明治36年ごろ完成・大月市

笹子隧道と重なる雰囲気

笹子隧道建設の際に使用したれんがを使ったと伝えられる蔵

大月市初狩地区の国道20号を車で走っていると、民家が並ぶ小高いエリアの一角に、ひときわ存在感があるれんが造りの建物が目に止まる。

公務員小林吉麿さん(48)方に引き継がれてきた蔵だ。完成は110年ほど前、同じころ開通したJR中央線の笹子隧道(ずいどう)(トンネル・P62参照)建設の際に余ったれんがを活用したと伝えられる。老朽化が進んでいるものの、幾多の地震をくぐり抜け、今なお堅牢(けんろう)そうな姿を見せている。

建物西側にある重厚な鉄製の扉を開くと、さらに2枚の引き戸がある。内部は2階建てになっており、それぞれ12畳ほどの広さ。1階は板の間、10段ほどの階段を上がった2階は座敷になっている。

小林さんは「幼い頃、怒られたときの決まり文句が『お蔵に入れるぞ』だった。窓が一つしかないのでとても暗く、怖かったのを覚えています」と懐かしそうに語る。

祖父の耕さんが自室として2階を使った後、小林さんも中学生時代に自分の部屋として通い始めた。「母屋と離れており、とても落ち着いた気分になった。友人のたまり場にもなったが、ちょっとした秘密基地のようなわくわく感があったのかも」と笑う。

建物は、鉄道草創期の雰囲気を残しているのに加え、入り口上部にあるアーチ型の設計が貴重だと言われており、研究者やカメラ愛好家が見学に訪れることもしばしばあるという。小林さんは「生活の一部として存在していた場所なので、珍しいと言われてもあまり実感はない。ただ先代から長らく引き継いだ施設なので、できる限り大切にしていきたい」と語る。

周囲をアーチ型のれんがが囲んでいる蔵の入り口

MEMO れんが造りの蔵

大月市初狩町中初狩。完成したのは、笹子トンネルの竣工と同じ、1903（明治 36）年ごろと伝えられている。れんが造りの外観は変わらないものの、屋根は雨漏りがして8年ほど前にふき替えた。私有地内なので自由に見学することはできないが、外観は通りから見ることができる。

ハツ沢発電所水路橋など

明治45年稼働・大月市ー上野原市

14キロの施設群、今も現役

れんが造りのアーチや花こう岩の石積みが歴史を感じさせる取水口制水門

岩殿山を望む桂川に設けられた、花こう岩の石積みとれんが造りのアーチが歴史を感じさせる取水口制水門。下流の名勝・猿橋の眼下に広がる渓谷では、水を発電所に導く長さ約43メートルの第1号水路橋が威容を見せる。

桂川の水を利用し、明治の終わりに稼働した東京電灯（現東京電力）の八ツ沢発電所。土木学会初代会長を務めた古市公威らの指導で「当時最高峰の土木技術を結集して造られた」（東電担当者）。

調整池を利用するシステムは国内初。電力需要の少ない夜間、上野原市大野に造成した貯水池に水をため、日中は一気に流して発電量を上げる方法で、水力発電所としては東洋一の規模を誇った。池の工事のための駅（現ＪＲ四方津駅）ができるなど、国を挙げての事業だった。

調整池（貯水池）がある大目地区区長会長の水越孝道さん（63）は「子どものころは池周辺で芝滑りをしたり、泳いだりするなど地域の遊び場だった。朝になると洗濯物を洗う母親たちの長い列ができ、貯水池は日常生活に密着していた」と語る。

取水口から発電所に至る約14キロに残る施設群は、稼働から1世紀の今も現役で稼働する。

郡内地域の水力発電所で長年勤務した中村暉雄さん（71）＝大月市賑岡町強瀬＝は「かつては水力発電に頼る『水主火従』の時代だった。われわれの仕事が日本を支えている使命感を持っていた」と振り返る。自然の力を利用するだけに扱いも難しかったというが、「苦労とともに愛情が湧いた。発電所はわが子のようだった」と懐かしむ。

桂川をまたぐように架けられた第1号水路橋

桂川から水を引くための取水えん堤

至小菅村
139
大野
貯水池
（調整池）
取水口
制水門
第1号
水路橋
ハツ沢
発電所
中央
自動車道
20
大月駅
猿橋駅
鳥沢駅
梁川駅
四方津駅
上野原駅
N

MEMO　八ツ沢発電所

1912（明治45）年に1、2号機が稼働し、翌年までに6台の水車を整備した。当時の出力は3万5千キロワットで、効率性が高まった現在の施設は、4台の水車で4万2千キロワットを発電している。1981（昭和56）年から遠方制御のシステムが整い、無人の発電所になった。取水口設備やトンネル、水路橋、調整池など約14キロにおよぶ20カ所の施設（発電設備を除く）が重要文化財に指定されている。一部の施設は公道沿いなどから見ることができる。

旧大正館

大正13年建築・上野原市

胸躍らせた記憶 今も鮮明

「夏は客の熱気ですごい暑さだったよ」。上野原市上野原の天野次郎さん（71）には幼いころ、小銭を手に胸躍らせながら「大正館」に向かった記憶が今も鮮明に残っている。

　同市中心部を走る国道20号（甲州街道）から一本入った路地にひっそりとたたずむ元映画館の姿を見ると、まるでタイムスリップしたような感覚に陥る。モダンな雰囲気が残るモルタル塗りの外壁、チケット販売のための小窓…建物自体が映画のワンシーンのようだ。

　大正館は1924（大正13）年に完成した旧上野原町内唯一の映画館だった。1階のホールは畳敷きで、天野さんは「みんな座布団と飲み物を持って

モルタル塗りの壁が歴史を感じさせる大正館の外観

陣取った。休憩時間は子どもたちがはしゃいで、運動会のようだった」と懐かしむ。子どもたちは映画代に充てる小遣い稼ぎで、工事現場の銅線や鉄くずを競うように集めて古物商に売ったという。

建物の所有者で最後の館長だった阿部紀好さん(68)は「映画を通じて夢や感動を与えたい」と場面に応じて音量を調整したり、上映前後に見どころを解説したりして工夫を凝らした、と振り返る。

だがテレビの普及や娯楽施設の多様化で、入場者は徐々に減少。多くの映画館が閉館する中、子ども向けのアニメ上映や高齢者の入館無料サービスなどで銀幕を守ったが、昭和の終わりとともに幕を閉じた。

「みんなチャンバラ映画が好きで、ヒーローが登場すると拍手喝采。一歩踏み込めば、身分や貧富の差は関係なかった」と天野さん。阿部さんは、今も映写機が残り、映画館時代の面影を伝える建物に目をやり「映画に支えられた人も多い。楽しかった歴史を後世に伝えるのも役割だと思う」としみじみ語った。

今も残る映写機。「フィルムを交換するタイミングが難しかった」と阿部紀好さんは振り返る

入り口付近はチケット販売の小窓（右側）など映画館の面影が残る

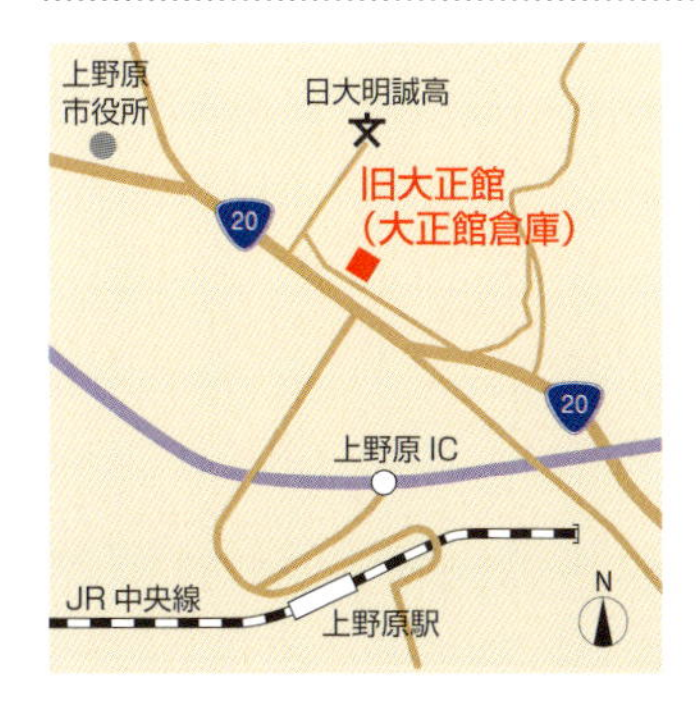

MEMO 旧大正館

上野原市上野原。1924（大正 13）年にオープンした映画館で、地域住民の娯楽の場として親しまれた。無声映画の時代は楽団が演奏する中、スクリーン脇で活動写真弁士が語った。木造２階建てで、１、２階は畳敷きから固定式椅子の客席に変わり、250 人を収容できた。1988（昭和 63）年に閉館し、現在は人形店倉庫として使われている。外観は道路沿いから見ることができる。県内で唯一残る大正時代の映画館の建物だ。1997（平成 9）年に国の登録有形文化財に指定された。

旧尾県学校

明治11年建築・都留市

子ども見守る「ねぎ坊主」

明治期の教室を再現したスペースが１階にある。教育資料の展示も豊富だ

都留市小形山の稲村神社の隣に、半円形に張り出したバルコニーが特徴の旧尾県学校（尾県郷土資料館）がある。1878（明治11）年に建てられた、擬洋風の藤村式学校建築（P14参照）。（P14参照）塔屋や両開きの窓がハイカラな雰囲気を醸し出し、文明開化の息吹を今に伝える。塔から伸びるポールの先にある球体は、「ねぎ坊主」の呼び名で親しまれていた。

1941（昭和16）年の廃校前、最後の校長を務めた奥脇義成さんの四女・天野治江さん（80）＝大月市富浜町鳥沢＝は、そこで生まれ育った。家族で学校に住み込み、教室に出ていく生活だったという。

先日、久しぶりに訪れ「急な階段はそのまま。当時は大きな建物に見えたのに、こんなに小さかったのね」としみじみ。「父は毎朝ネクタイを締め、学校前で子どもたちを出迎えていた。生前、資料館になったことを知り、喜んでいた」と懐かしむ。

廃校後は青年団や消防団などの集会所として使われた。地元・小形山の堀野義春さん(82)が「終戦後の50年頃から、2階の講堂で稲村神社の祭りで披露する演劇を練習した」と話すように、地域住民にとって身近な存在だった。

現在は資料館としてかつての教室の様子を再現し、卒業式の記念写真、大正・昭和の教科書や文房具などを展示。地域の子どもたちの遊び場にもなっている。館長として、子どもたちにベーゴマや竹馬など昔ながらの遊びを教えている山本恒男さん(75)は「地元の歴史を伝えるとともに、子どもたちとのつながりを大切にしながら、地域の活動や教育の拠点として、活性化の一端を担っていきたい」と話している。

擬洋風の藤村式学校建築が印象的な旧尾県学校

再現された教員室。校長・教員用の机、椅子などがある

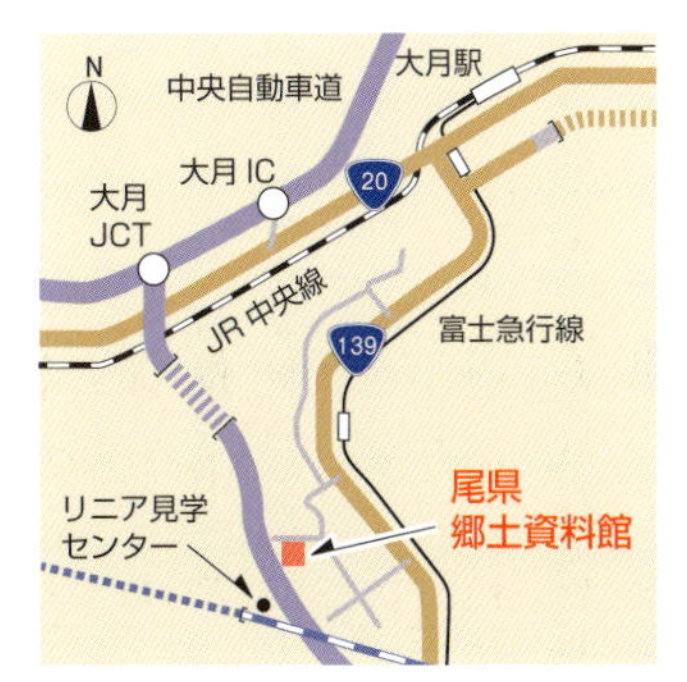

MEMO 旧尾県学校（尾県郷土資料館）

木造2階建て。間口、奥行きともに12.7メートルの正方形。延べ床面積331.86平方メートル。1878（明治11）年に住民の出資で建てられ、1941（昭和16）年に戦時教育体制のため禾生国民学校に統合されて廃校になった。1970年に市有形文化財第1号の指定を受け、1973年に復元工事が行われた。現在は資料館として公開。1階は明治期の教室を再現し、当時の教育資料を展示。2階にはベーゴマや竹馬など昭和のおもちゃで遊べるコーナーがある。
休館日は月、水、金曜（祝日の場合は翌日）。入館無料。
問い合わせはミュージアム都留、電話0554（45）8008。

駒橋発電所の落合水路橋

明治40年建設・都留市

送水担うれんがのアーチ

七つのアーチに支えられたれんが造りの水路橋

都留市古川渡の国道139号沿いに、朝日川に架かるれんが造りの橋が見える。七つのアーチで支えられた橋の上部には、深さ約3・7メートルの水路があり、大河のように水が流れている。

東京電灯（現東京電力）が1907（明治40）年、大月市駒橋3丁目の駒橋発電所に桂川の水を運ぶ水路の一部として建設した落合水路橋だ。同発電所はこの年、5万5千ボルトで早稲田変電所（東京）まで76キロの距離の送電に成功。日本で初めて高電圧で長距離送電した発電所として知られる。

1世紀以上にわたって現役で使われている水路橋も、60～70年代には改修が検討されたこともあったという。かつて東電谷村発電所に勤務していた安富一夫さん（86）＝都留市四日市場＝によると、橋の部分的な補修をすることで、取り壊しは免れた。「全国でも珍しいれんが造りの水路橋。残されて本当にうれしかった」と笑顔で振り返る。

橋の近所に住む矢野孝さん（78）＝同市井倉＝は、戦時中、橋がコールタールで真っ黒に塗られていたのを覚えている。「空襲から守るための対策だと後で分かったが、当時は『何であんなことをするのか』と不思議に思った」

「子どものころは、橋の脇にある点検用の通路を渡る人や、水路で泳ぐ子がいた」と矢野さん。人や動物が水路に落ちたりすることもあったという。東電によると、80年代にフェンスや鉄網を設置した。

水路橋の管理を担当している東電大月支社の塩沢守さん（57）は「長距離送電の発祥に関わる文化財。先人の技術や思いを受け継ぎ、大切に残していきたい」と話す。

水路橋の上部に流れる水

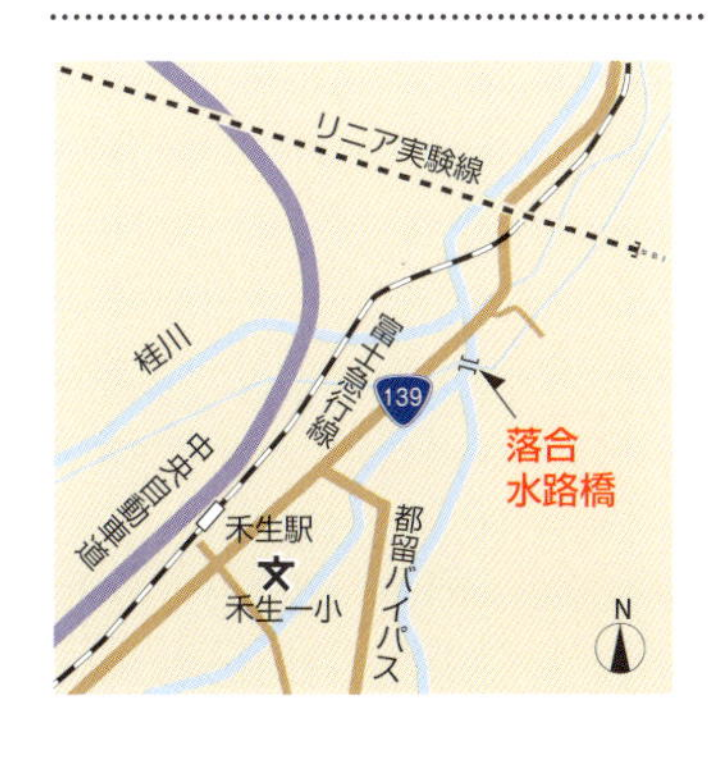

MEMO 落合水路橋

1907（明治 40）年に、駒橋発電所の全長 6.8 キロの水路の一部として建設された。1997（平成 9）年に国の登録有形文化財に指定。全長 56 メートル、幅約 8.5 メートル。水路の深さは約 3.7 メートルで、毎秒最大 25 立方メートルの水が流れている。使用材はれんがとコンクリート。当時はコンクリートが貴重で、足りない部分を周辺の畑土を焼いたれんがで補った。朝日川と菅野川の合流点付近には、両川の水をくみ上げるためのポンプ所があり、渇水時に利用している。付近は立ち入り禁止だが、外観は公道沿いなどからフェンス越しに見ることができる。

旧仁科家住宅

大正10年建築・都留市

織物の街の栄華伝える

玄関を入ると「甲斐絹」の額が出迎えてくれる16畳の座敷が広がる

都留市の中心街・旧谷村町を走る国道139号沿いに、長い歴史を刻んだ土蔵造りの商屋がたたずむ。絹織物の仲介業を営んでいた仁科源太郎が、1916（大正5）年から6年ほどかけて建てたもので、織物の街だった都留の栄華を今に伝えている。

大正から戦中にかけての甲斐絹の全盛期には、似たような土蔵造りの商家が通り沿いに十数軒並んでいたというが、今も当時のまま残っているのは旧仁科家住宅だけ。平成の初め、当時老夫婦二人で住んでいた源太郎の孫・正信さん（故人）は、本紙の取材に「大正時代までは大勢の人が絹の買い付けに来て泊まった。働き手だけでも10人以上、お手伝いが常に4、5人はいた」と往時について語っていた。

現在は都留市商家資料館として公開されている建物に

入ってまず目を引くのが、土間に面した16畳の玄関座敷。かつては取引客でにぎわったというその店先と、奥の座敷は千本格子で仕切られている。

玄関座敷の右奥には、和風の外観からは思いも寄らない、モダンな洋風の応接室がある。間接照明や薄紫色の窓ガラスなど、当時としては珍しい趣向が凝らされている。

このほか、それぞれの屋内は細かい装飾が随所に施されており、書院風座敷の組子の飾り窓や「塵返し」と呼ばれる斜め下向きの障子の桟など、職人の技が生きている。

館長の藤森利光さん(64)は、谷村織物工業協同組合から寄贈されたという「甲斐絹」の額を見上げながら「都留の歴史を残すためにも大切にしなくてはならない建物。たくさんの市民に見てもらい、地域のことを知るきっかけにしてほしい」と話した。


ソファやじゅうたんなど、当時のままの調度品が展示されている洋風の応接間

甲斐絹で栄えた都留市の歴史を今に伝える外観

MEMO 旧仁科家住宅（都留市商家資料館）

都留市上谷3丁目。1921(大正10)年に完成。間口約14.5メートル。奥行き約11メートル。延べ床面積262.49平方メートル。土蔵造り2階建て。2棟の蔵を含むと表通り(国道139号)から裏通りまでを貫く奥行きの深い屋敷で、城下町の屋敷地割りが残っている。大正、昭和期に絹問屋を営み、その後、都留文科大の学生らの下宿にもなった。1993(平成5)年に市指定有形文化財になり、当時の帳簿や道具、日用品などを展示する資料館として開館。

休館日は月、水、金曜(祝日の場合は翌日)。入館無料。

問い合わせはミュージアム都留、電話0554(45)8008。

旧角田医院

昭和３年建築・富士吉田市

織物の街 往時伝える料亭

料亭当時の姿をそのまま残す２階の大部屋。織物で栄えた街の歴史が詰まっている

織物産業の隆盛で、かつては深夜まで人が絶えないほどのにぎわいを見せた富士吉田市の繁華街。そんな下吉田地区の西裏通り近くに、ひときわ目を引く豪壮な和風建築「旧角田医院」がある。

機械化が進み「甲斐絹」として盛んに輸出されていた昭和初期、織物業者や買い付けに訪れた問屋をもてなす高級料亭として造られた建物だ。角田医院院長の角田亀春さん（74）は「ただ古いだけじゃない。織物で栄えた富士吉田の歴史を今に伝えてくれている」と語る。

料亭を開業したのは祖父・亀次さん。こだわりの強い人で「大工は都内から宮内庁出入りの職人を呼び寄せて造らせた」という。外観は神社仏閣を思わせ、玄関を入ると大きなケヤキの一枚板の式台が目に入る。１階は医院として一部改築されているが、2階の小部屋と大部屋の二間は料亭当時の姿をそのまま残す。

西側の小部屋は一段高く造られ、障子やふすまの木を組み合わせた細かな装飾が高級感を漂わす。東側の大部屋の天井は、漆で塗られた木材が格子状に組まれた格天井。玄関の屋根部分にはコイ、2階客間には「忠臣蔵」の大石内蔵助が料亭で遊ぶ姿などが精巧に彫刻されている。

今は取り壊されているが、100畳間もあり、宴会が繰り広げられたという。1920年代末の首相浜口雄幸が訪れた際の直筆の書が残されており、にぎわいをうかがい知ることができる。


織物業は現在、往時の勢いはなく、繁華街・西裏通りも人通りが少ない。「これでもかというほど装飾され、こんなに豪華な料亭が富士吉田で営業していたことが今では考えられない。織物業繁栄の象徴として残しておきたい」。亀春さんは建物が伝える歴史に思いをはせた。


神社仏閣を思わせる外観。

門柱には「角田医院」の表札が残る

障子やふすまには細かい装飾が施され、高級感が漂う

MEMO 旧角田医院

富士吉田市下吉田。木造2階建て、延べ床面積約340平方メートル。1928(昭和3)年に高級料亭として建てられ、太平洋戦争が激しくなった1943年ごろ廃業。終戦後の1945年ごろから移転する1986年まで、「角田医院」として地域住民が診察を受けに訪れた。医院移転後は角田家の住居として使われていたが、現在は住居を別に建てて保存している。一般開放はしていないが、上部の外観は通りから見ることができ、市内の街歩きイベントなどでは門を開放することもある。

旧角田医院の玄関を入ると、ケヤキの一枚板で設えられた式台がひときわ目を惹く

山梨の近代化遺産

二〇一七年三月三十日　第一刷発行

編集・発行　山梨日日新聞社
〒400－8515
甲府市北口二丁目6－10
電話　055－231－3105

印刷・製本　㈱サンニチ印刷

ISBN978-4-89710-315-0